PREPARANDO A NUESTROS HIJOS PARA LA INMERSIÓN DIGITAL

Por qué es tan importante educar a los niños sobre la programación, la seguridad cibernética, los depredadores en línea y el acoso cibernético

Bjorn Beam

Preparando a nuestros hijos para la inmersión digital:
Por qué es tan importante educar a los niños sobre la
programación, la seguridad cibernética, los depredadores en línea
y el acoso cibernético

ISBN: 978-1-7342673-4-1 (Edición de tapa blanda)

Primera edición impresa 2019 en ingles.

www.SecuritySquad.org

Tabla de Contenidos

Introducción

No es ningún secreto que nuestro mundo se ha vuelto cada vez más digital, desde las redes sociales, los textos y las aplicaciones de mensajería hasta el mismo estado del mercado laboral y las oportunidades de empleo disponibles. La tecnología está agilizando todo lo que hacemos, desde cómo nos comunicamos hasta cómo gestionamos nuestra vida diaria. Nuestras interacciones son más rápidas, pero más anónimas y sin contacto cara a cara.

Cuando era niño, si quería jugar un juego con un amigo, teníamos que sentarnos en la misma habitación para jugar unos contra otros a través de Gameboys o el clásico sistema de consola Nintendo. Sin embargo, todo eso ha cambiado con la generación actual. Los niños son adictos a la comunicación cibernética moderna. En sus mentes, si están encerrados en sus habitaciones después de la escuela, no es aislamiento porque están en línea dándole "me gusta" a las fotos, compartiendo contenido y manteniendo algún tipo de conexión con otros niños. Es probablemente por esto que un estudio encontró que los niños pasan unas veintitrés horas a la semana con sus teléfonos, lo que en muchas familias es más tiempo del que pasan con sus padres.

Muchos niños son conscientes de que están pasando demasiado tiempo con sus teléfonos. En una encuesta reciente del Centro de Investigaciones Pew, nueve de cada diez participantes entre trece y diecisiete años afirmaron que es el mayor problema al que se enfrenta su generación.[1]

Los niños, ya sea que tengan siete o quince años, no parecen poder alejarse de sus dispositivos celulares.

En este libro, explico por qué tenemos la necesidad de aceptar la llegada de esta era digital. En lugar de esperar que desaparezca o averiguar formas de mitigar el tiempo frente a la pantalla, propongo una estrategia diferente. Debemos centrarnos en una educación adecuada sobre los peligros y la exposición que enfrentan los jóvenes a través del uso de Internet. Además, si usted sólo depende de alejar la tecnología y del uso de aplicaciones parentales, todos salen perdiendo, ya que los niños pueden eludir estas herramientas fácilmente. Se encontrarán vagando por Internet sin estar preparados mientras usted piensa que todo está bien. Esto no es seguridad, esto es inseguridad.

Siendo realistas, los depredadores en línea, los piratas cibernéticos y los acosadores cibernéticos no desaparecerán pronto. Son subproductos totalmente naturales de la mente humana, estas personas simplemente tienen Internet a su alcance hoy en día y están eligiendo usarlo para las razones equivocadas. Siempre habrá un segmento de la población humana que será malicioso.

Por lo tanto, si queremos que nuestros hijos estén preparados para lidiar con el estado actual del mundo, entonces tenemos que retirar el telón y mostrarles la realidad en la que viven. Con la educación adecuada y una comunidad que apoye a los niños frente a las transgresiones en línea, nuestros hijos estarán preparados para protegerse a sí mismos, su información y sus emociones.

Escribo este libro no sólo como un ex oficial de la Agencia Central de Inteligencia (CIA) y el creador de la nueva empresa educativa **Security Squad**, sino también como un ciudadano preocupado. La tecnología está aquí para quedarse. Es hora de replantear la forma en que abordamos estos temas.

Preparando a nuestros hijos para la inmersión digital

Mi nueva empresa educativa, Security Squad, se centra en cambiar la conversación en torno al acceso digital para los niños de hoy. En este libro, vamos a ver primero cómo nuestros sistemas educativos le fallan masivamente a los niños con respecto a los lados buenos y malos de la tecnología en nuestro mundo.

Después de eso, vamos a volcarnos de lleno en los cinco grandes encuentros digitales que cada niño enfrenta: la seguridad cibernética, el acoso cibernético, las interacciones en las redes sociales, los depredadores en línea, y, por último, la programación. Con respecto a la programación (una herramienta para preparar aún más a los niños en un mundo digital) afirmo que esta habilidad tan codiciada debería estar más fácilmente disponible en las escuelas.

Luego veremos siete razones por las que los niños necesitan ser educados en los temas digitales de inmediato. Por último, voy a proponer una mentalidad redefinida, receptiva pero cautelosa de cómo se ve el mundo hoy en día.

No permita que su hijo sea una presa fácil (en realidad una presita fácil) en el mundo digital. La edad promedio a la que un niño recibe un teléfono inteligente hoy en día es a los diez años, sí, esto sucede a esa edad.[2] Sin embargo, incluso si usted retiene el teléfono inteligente de su hijo, van a utilizar el de sus amigos y participar en las mismas travesuras. Es importante recordar cuando usted era adolescente y todas las travesuras en las que se metía. Los niños siguen siendo los mismos hoy en día. De hecho, son aún más avanzados, eludiendo las aplicaciones de seguridad y los ajustes diseñados para limitar el tiempo que pasan frente a la pantalla y el uso del teléfono. Si cree que estos controles parentales son la respuesta, debe saber que no lo son, solo son curitas que no solucionan el problema principal.

Tenemos que estar a la vanguardia. Es hora de dejar de resistirnos al progreso. Los teléfonos inteligentes son omnipresentes, las redes sociales están arraigadas en nuestra sociedad, y la gente siempre tratará de sacar ventaja de las nuevas herramientas para fines perversos. Es hora de preparar a su familia.

Comencemos.

CAPÍTULO 1

El estado actual de nuestro sistema educativo

"Los niños necesitan aprender sobre la seguridad cibernética, pero los maestros no tienen suficiente tiempo en el día". Este es un titular real publicado en el sitio web de noticias académicas theconversation.com en febrero de 2019.[3] Encapsula perfectamente el problema de nuestro país con la inmersión digital: nuestros sistemas educativos no ven la educación en seguridad cibernética como algo primordial.

Los sistemas escolares todavía se centran en el currículo tradicional como las matemáticas, el álgebra, la trigonometría y tres años de historia mundial antes de centrarse en la protección de la información personal y la identidad. No me malinterpreten; no estoy diciendo que los niños no deban aprender sobre historia o matemáticas. Son, por supuesto, temas muy importantes. Lo que estoy diciendo es que temas como la seguridad cibernética deben ser considerados como igualmente importantes durante el día escolar.

Lamentablemente, hay docenas de artículos de noticias en Internet lamentando el hecho de que la mayoría de nuestras escuelas no enseñan ciencias de la computación hoy en día.[4] Lo que es aún peor, no tienen grupos después de la escuela centrados en tratar el acoso cibernético, las interacciones en las redes sociales o los depredadores, que son cada vez más frecuentes con la disponibilidad de la tecnología actual.[5] Cuando era estudiante, tuve la suerte de tener un profesor que conocía la programación y la enseñaba en nuestra clase de taller. No hay nada como aprender programación y diseño web con una sierra eléctrica junto al ratón.

A través de una práctica conocida como *sextorsión,* las personas con una inclinación por los niños están teniendo mayor éxito atrayendo a estos a sus hogares u otros sitios aislados a través del *catfishing* o *enmascararse* (pretendiendo ser alguien que no son para ganarse el afecto del niño/adolescente). No debemos olvidar que la sextorsión ocurre incluso entre los adolescentes, ya sea que tengan la misma edad, o uno de ellos esté un par de grados más avanzado.

Pero antes de profundizar en los otros elementos de la inmersión digital, echemos un breve vistazo a cómo nuestros sistemas de educación superior no están preparando a los estudiantes para el estado del mercado hoy en día.

Educación Superior: Escasez de educación en ciencias de la computación

Nuestro sistema educativo no solo le está fallando a los estudiantes más jóvenes; también les está fallando mientras se preparan para el empleo cuando salen de la universidad.

Por ejemplo, el número de empleos abiertos de ciencias de la computación en los Estados Unidos sigue aumentando. La demanda está superando tanto a la oferta que sólo unos cincuenta mil graduados en ciencias de la computación se reciben de universidades estadounidenses cada año, mientras que se estima que hay unos quinientos mil de estos empleos abiertos en todos los principales sectores laborales.[6] Si tiene ganas de hacer las matemáticas, verá que hay decenas de miles de trabajos sin ocupar. Las empresas están esperando a que los estudiantes entren y los reclamen como suyos. El gobierno de los Estados

Unidos incluso está incentivando el reclutamiento de personas con estas habilidades a través de un aumento en los salarios y bonificaciones. Personalmente, sentí que durante mi trabajo en la CIA estaba trabajando de forma gratuita cuando tuve una conversación acerca de los salarios con mis compañeros de tecnología que recibían estos incentivos.

Ahora volvamos al tema en cuestión. Aún peor, para los estudiantes que quieren ir a la universidad para obtener títulos en ciencias de la computación, no hay suficientes clases disponibles o educadores profesionales disponibles para enseñar la asignatura.[7] Como resultado, el sistema de educación superior de los Estados Unidos está rezagado con respecto a los de otras naciones del mundo.

Mientras que todo esto está sucediendo, los estudios muestran que el 15 % de los estudiantes universitarios han sido víctimas del acoso cibernético, mientras que el 38 % de los encuestados dijeron que saben de alguien que se enfrenta al acoso cibernético en su institución.[8]

Por lo tanto, no sólo nuestros estudiantes universitarios no están preparados para salir al mundo sin deudas estudiantiles y para conseguir un trabajo abierto en las ciencias de la computación, sino que también están siendo presas, a través de los canales sociales y los perfiles de las redes sociales, de un problema que podrían haber evitado si se les hubiera proporcionado esta educación digital.

La misma historia en K-12 (Sistema educativo primario y secundario)

Aunque hay una gran oportunidad para la educación en ciencias de la computación en las facultades y universidades de la nación, la situación es igual de grave para los estudiantes del sistema educativo primario y secundario.

Algunos estados están tratando de marcar la diferencia. En California, donde sólo el 39% de las escuelas secundarias ofrecen clases de informática, la Junta Estatal de Educación aprobó el Plan de Implementación de Ciencias de la Computación de California.[9] En el marco del plan, la informática se trabajaría en otras clases, y los cursos de informática estarían disponibles en niveles introductorios y avanzados para cada grado. Pero el plan es un sueño imposible, ya que el estado no tiene la financiación necesaria para que esto suceda. Así que, a pesar de la ambición de la Junta Estatal de Educación, el estado de la informática en California sigue siendo el mismo.

Y la historia es similar en todo el país. En el informe anual sobre el Estado de la Enseñanza Informática de 2018 de la Coalición de Defensa Code.org y la Asociación de Profesores de Ciencias de la Computación (CSTA), los datos mostraron que muchos estados no ofrecen educación en esta materia.[10] En Florida, sólo el 19% de las escuelas ofrecen cursos de ciencias de la computación relevantes; el 32% ofrece ciencias de la computación en Wisconsin y el 22% en Dakota del Norte.

Estas cifras son especialmente preocupantes cuando se piensa en la frecuencia con la que los estudiantes jóvenes interactúan con herramientas digitales y varias funciones de Internet. Están interactuando con un mundo que no han sido debidamente entrenados para manejar, y la falta de preparación está teniendo un impacto negativo.

Estudiantes del sistema educativo primario y secundario, Internet y la Salud Mental

Si los estudiantes estuvieran preparados con la educación informática que necesitan, estarían mejor equipados para manejar los desafíos de la vida en línea. Más del 71 % de los estudiantes en las clases de educación del sistema educativo primario y secundario en este momento están preocupados por el acoso cibernético.[11] De los que han reportado haber sido objeto de acoso cibernético, alrededor del 24% confirmó que su información privada ha sido compartida en línea por un tercero, exponiendo su seguridad, ubicación e información personal. Con algunos conocimientos digitales, tal vez podrían haber evitado estos incidentes.

Se estima que el 33,8% de los estudiantes de entre doce y diecisiete años han sido víctimas de acoso cibernético. En cuanto a la salud mental, el 24% de estos estudiantes informaron tener pensamientos suicidas después de ser víctimas. Los impactos de estos ataques no se sienten por igual: las niñas tienen un 36,3 % más de probabilidades que los niños de ser víctimas de campañas de acoso cibernético.

Desafortunadamente, el número de víctimas sólo está aumentando, lo que indica que hay que hacer algo.[12]

Por supuesto, hay razones por las que estos temas críticos no están siendo cubiertos en nuestras escuelas hoy en día. En el siguiente capítulo, propongo por qué las escuelas de todos los niveles se resisten a temas y discusiones de una importancia tan crítica para sus estudiantes.

CAPÍTULO 2

¿Por qué el Retroceso?

A ninguno de nosotros le gusta sentirse estúpido, y eso, por supuesto, también es cierto para los padres, maestros y administradores. Con algo tan complejo como la tecnología, que ha sido fácilmente accesible para las masas desde hace sólo quince a dieciocho años, los mismos "adultos" a cargo también necesitan el mismo tipo de educación que proponemos para los niños.

A pesar de lo universales que son los teléfonos inteligentes y la cultura digital, no todo el mundo sabe cómo utilizar estas herramientas o cómo participar en una conversación en línea idónea. Se estima que 36 millones de adultos carecen de conocimientos necesarios como para considerarse digitalmente instruidos.[13] En un estudio de 2016 hecho por el Centro de Investigación Pew, el 52% de los adultos encuestados se mostraron "relativamente reacios" a aprender habilidades digitales.[14] Dentro de ese grupo, el 14% no estaba preparado para adoptar la tecnología en su vida cotidiana, el 5% tenía tecnología, pero no confiaba en ella ni la utilizaba a menudo, y el 33% simplemente era reacia a aprender más. Muchos de estos adultos tenían cincuenta años o más. Pero incluso cuando se mira a los adultos que están en sus treinta y cuarenta años, todavía hay menos familiaridad con las habilidades digitales, a pesar de su proximidad con la tecnología y los desarrollos recientes.

En términos generales, muchos adultos diferentes entran en la categoría de ser digitalmente ingenuos, pero muchos de ellos son probablemente padres y maestros. Tienen el deseo de ser los expertos en la sala, pero eso es difícil de hacer cuando no tienen el conocimiento adecuado.

No quieren parecer tontos o avergonzados frente a estos niños tecnológicamente inteligentes, por lo que no abordan estos temas en absoluto. Prefieren barrer estos problemas debajo de la alfombra en lugar de admitir a sus estudiantes de seis años que no saben cómo mantener la privacidad de su información personal.

Estas son otras razones por las que el retroceso de la inmersión digital está sucediendo en todos los ámbitos hoy en día:

Comprensión de los datos

Hay requisitos previos que vienen con el estudio de un tema como la seguridad cibernética o la programación. No es algo que se pueda enseñar de forma descuidada después de algunas sesiones escolares. Estos son temas que requieren meses de material, con las lecciones basándose unas sobre otras para llegar a los resultados deseados.

Por lo tanto, las escuelas no quieren involucrarse. Hacerlo exigiría una revisión importante de los sistemas actuales, así como el cambio de bloques de tiempo y requisitos educativos a partir de la escuela primaria.

Personal sobrecargado

La implementación de programas para educar a los estudiantes sobre temas digitales, en muchos casos, sobrecargaría a los maestros y al personal que ya de por si tienen más responsabilidades de las que deberían. Así mismo, el plan de estudios estadounidense ya se considera superpoblado.[15] Por lo tanto, como he mencionado, tendría que tener lugar una importante revisión estructural para crear un sistema en el que los profesores no estén sobrecargados ni mal equipados.

Los profesores no son expertos en seguridad cibernética

La capacidad de enseñar sobre seguridad cibernética y programación sólo se puede obtener a través de una educación muy específica. Los maestros y profesores que fueron a la escuela para la educación, la historia y el inglés probablemente sienten que tienen cero capacidad para aprender y enseñar seguridad cibernética y programación. Estos temas requieren un cierto enfoque técnico de la materia, que es diferente a las técnicas educativas clásicas. Cuando combina este enfoque diferente con maestros mayores con un modelo de enseñanza establecido, puede llegar a ser mucho más difícil cambiar la mentalidad de enseñanza.

De hecho, una encuesta de PriceWaterhouseCoopers de 2018 dio como resultado que sólo el 10% de los maestros del sistema educativo primario y secundario se sienten cómodos usando dispositivos de "alta tecnología".[16] Cuando se trató de enseñar temas de informática como análisis de datos, diseño gráfico, programación y diseño de ingeniería, el porcentaje de profesores que se sentían capaces de enseñar estas asignaturas nunca superó el 17%. Por lo tanto, además de carecer de los antecedentes para ayudar a los estudiantes con la inmersión digital, los profesores también carecen del nivel de comodidad y el interés.

Una gran desventaja de esta deficiencia de enseñanza es cómo los estudiantes se involucran con la tecnología en un entorno educativo. El 60% de las veces, simplemente consumen contenido a través de la tecnología, como ver videos o leer artículos en sitios web. Solo el 32% de los estudiantes reportan un uso activo de la tecnología, es decir, programación, algún tipo de análisis de datos o la creación y producción de contenido. Sin la orientación correcta, se convierten en usuarios pasivos que carecen de las habilidades necesarias y no logran desbloquear el verdadero poder de la tecnología que tienen a su alcance.

Por lo tanto, con el fin de hacer que la seguridad cibernética y la programación formen parte del programa escolar de la escuela media y la escuela secundaria, las escuelas tendrán que comenzar a contratar profesionales en programación que no tienen por qué ser necesariamente parte del sistema típico de maestros.

Mejorar y cambiar los comportamientos de seguridad de la información requiere algo más que solo proporcionar guías de estudio a los profesores. Estos deben estar dispuestos a aprender cómo aplicar estos nuevos comportamientos tanto en clase como en casa. Ellos podrían argumentar: "¿Se nos paga lo suficiente por esto?" La triste respuesta a esta pregunta es que a los educadores no se les paga lo suficiente desde hace tiempo.

Los padres necesitan intervenir

Los padres están cada vez más ocupados hoy en día. En la mayoría de las familias, ambos padres necesitan trabajar para pagar todas las facturas pendientes.[17] Los padres también han caído en la revolución digital, en la que sus trabajos los siguen a casa después de salir de la oficina. Por lo tanto, no tienen precisamente tiempo para convertirse en maestros de programación en el hogar para sus hijos. Los padres dejan la responsabilidad de enseñar este importante tema al sistema escolar, sin darse cuenta de la importancia de dar el ejemplo en casa.

Cuando se trata de algo como la seguridad cibernética, los padres tienen mucho que aprender. Pueden estar exponiendo su información personal y la información de sus hijos sin darse cuenta. ¿Cuáles son las configuraciones de privacidad en sus páginas de redes sociales donde tienen fotos de sus hijos? ¿Los padres están cambiando sus contraseñas, o usan una contraseña simple que han escrito en el refrigerador? Si los niños deben aprender los componentes de la seguridad cibernética, entonces los padres también necesitan estar dispuestos a educarse a sí mismos. Cualquier cadena es tan fuerte como el eslabón más débil. Mejorar la seguridad cibernética de toda la familia fortalece toda la red. Para demostrar aún más este punto, mis increíbles padres, quienes están en sus décadas de los 60 y los 70, no sabían la mayoría de las respuestas a las preguntas en mi cómic educativo "¡Security Squad: El Libro de Juegos de tu hijo sobre la Seguridad Cibernética, el Acoso Cibernético, y la Programación!" Para poner esto un poco más en contexto, este libro es para niños de ocho a trece años.

Pero a pesar de ser los eslabones débiles de la familia, muchos padres no están buscando ser aconsejados por recursos externos o expertos. Un 40% de los padres están aprendiendo cómo usar la tecnología porque sus hijos les enseñan.[18] Si los niños no entienden los peligros de la inmersión digital, ¿cómo pueden enseñarles a sus padres? Además, cuando los padres deciden intervenir, no es para educar, sino más bien para espiar o reprender. El 65% de los padres quita los privilegios de teléfono celular o Internet como una forma de castigo, el 55% ha puesto un límite en el uso de Internet, y más del 60% ha comprobado los perfiles de redes sociales o historial de navegación de su hijo adolescente.[19] Pero, repito, sin el conocimiento adecuado de los riesgos, ¿cómo saben los padres qué es lo que deben buscar?

Tanto los padres como las escuelas ven estos obstáculos como demasiado grandes y abrumadores para superarlos. En su lugar, continúan haciendo los movimientos equivocados o ignorando el problema, con la esperanza de que todo desaparezca o, peor aún, con la esperanza de que la otra parte se haga cargo.

Bueno, estoy aquí para decirle que estos problemas no desaparecerán.

Lo que el mono ve, el mono hace

Innumerables estudios han demostrado que los niños imitan a los padres, maestros y adultos; al extremo.[20] Si los padres no están haciendo cumplir un tipo positivo de inmersión digital en casa, y si los maestros no lo abordan en las aulas, entonces los niños terminan solos, con un teléfono en sus manos, conectados al mundo bueno y malo en todo momento.

Con solo tocar un pulgar, su hijo puede hablar con alguien en China, divulgar información de identificación personal a alguien a dos vecindarios de distancia y revelar su dirección a un depredador que finja ser una niña de doce años en un mensaje directo de Instagram.

Todos necesitamos ser conscientes de las realidades del mundo digital. Su hijo lo imitará y hará lo que usted le diga que haga. Es por eso que necesita estar a bordo con este nuevo tipo de mentalidad. Necesitamos redefinir qué visión tenemos sobre la actividad infantil en línea, así como las conversaciones que la rodean.

CAPÍTULO 3

Delo a conocer, hágalo divertido

En este punto, hemos analizado el estado de la educación y la seguridad para los niños que van desde preescolar hasta la universidad en la actualidad. Hemos analizado por qué las escuelas se resisten a los cambios necesarios que prepararán a nuestros hijos y a nuestros países para las agresiones del futuro.

Pero antes de estudiar los cinco temas digitales más importantes que deberían estar en la cima de cada programa escolar hoy en día, voy a plantear un caso para dos cosas (para que esta estructuración tenga éxito):

1. **Darlo a conocer:** Es hora de sacar las cosas a la luz y cubrir los cinco temas de inmersión digital más grandes en los que todos los niños deben al menos estar bien versados. En los próximos capítulos, voy a desglosar todo lo que necesita saber sobre estos temas, así como el contexto de cada uno de ellos, para que pueda comenzar a educar a su hijo en el futuro.

    Pero antes de profundizar en los detalles de *qué* cubrir en estas conversaciones, es fundamental entender *cómo* llevarlas a cabo. Ante todo, recuerde que esta conversación debe ser un diálogo, no una conferencia. Haga preguntas sobre lo que sus hijos saben. De ejemplos y asegúrese de que comprendan. Esta es una oportunidad para abrir los canales de comunicación y actuar como un compañero para su hijo o estudiante, no sólo el responsable de su educación. Además, este tipo de discusiones de ida y vuelta pueden aumentar la respuesta cerebral de los niños al lenguaje.[21] No solo estará haciendo que los niños sean más inteligentes sobre el uso de Internet, sino que también estará mejorando sus habilidades de lenguaje y conversación.

También es importante que sus hijos sepan que la conversación es un espacio seguro. Es posible que descubra que han participado en conductas que los ponen en riesgo. Este no es el momento de regañar o castigar; este es el momento de enseñarles acerca de por qué esos comportamientos fueron riesgosos y cómo evitarlos en el futuro. Anímelos a pensar críticamente sobre sus acciones en línea y asegúrese de dar contexto a las cosas que está discutiendo. Por ejemplo, si le dice a su hijo que no debe aceptar regalos de extraños en línea, explíquele por qué. Piense en la conversación como una manera de protegerlos en el futuro.

Si usted comienza a hacer de estas discusiones algo regular en su hogar, eliminará el "tabú" que puede, en muchos casos, hacer que los niños quieren rebelarse aún más. Dar a conocer lo que sucede en el mundo (con una sensibilidad acorde a la edad de su hijo, por supuesto). No hay necesidad de hacer sonar las campanas de alarma y causar pánico.

2. **Hágalo divertido:** Hacia el final de este libro, voy a explorar el tema de la *gamificación,* que es esencialmente el acto de convertir una actividad académica como leer o programar en un juego. Significa añadir cualidades similares a las de un juego a algo mientras se disfrazan los componentes útiles y educativos reales del contenido.

Muchos desarrolladores de aplicaciones están haciendo esto en sus aplicaciones de viajes o redes sociales hoy en día, ya que la gamificación ha demostrado conseguir que la gente esté más involucrada e interesada en un tema. Además, la gamificación se está convirtiendo en una gran parte de nuestras vidas, ya sea a través de los premios que obtiene en su aplicación Duolingo por llegar al siguiente nivel o los premios que un conductor de Uber recauda por sus recorridos. Sin embargo, es importante tener en cuenta que la gamificación no tiene por qué ser de alta tecnología. Cuando les decía a sus hijos que fingieran que la cucharada de guisantes era un avión volador que venía a aterrizar en su boca, demostraba la habilidad divertida y creativa de la gamificación.

En general, la gamificación es relevante porque se estima que el 97% de los niños juegan videojuegos.[22] Cuando hace que aprender sobre temas digitales sea divertido, está hablando su idioma. La competencia amistosa también ayuda: el 60% de los alumnos informan que ver las tablas de clasificación los motiva a participar y desempeñarse a un nivel superior. Y los maestros han visto los beneficios. El 70% de los profesores reportan haber visto un incremento en la participación entre los estudiantes cuando se introducen videojuegos educativos. En resumen, convertir el aprendizaje en un juego sólo puede producir resultados positivos.

Al final del día, es importante recordar que estamos tratando con niños. No debemos acercarnos a ellos con una mentalidad fatalista. Esto les dará ansiedad. En su lugar, debemos aceptar las realidades de lo que necesitan aprender y hacerlo divertido. Sí, es posible aprender sobre seguridad cibernética y la programación y hacer reír a sus hijos y divertirse al mismo tiempo.

Con esto en mente, ahora es el momento de entrar en los cinco temas que hemos estado discutiendo: seguridad cibernética, acoso cibernético, interacciones en las redes sociales, depredadores en línea y programación.

CAPÍTULO 4

Seguridad Cibernética

Una sola vulnerabilidad es todo lo que un atacante necesita. —Window Snyder

Con la comodidad de tener todo lo que podría desear en la palma de la mano viene la gran responsabilidad de proteger su información personal y financiera. Cada vez que entrega la información de su tarjeta de crédito a un sitio o la dirección de su casa a una plataforma de medios sociales, se expone a sí mismo y a su seguridad a fuerzas externas. Aquí es donde todos pensamos que comienza ya que tendemos a pensar en seguridad cibernética cuando nuestra información bancaria y de tarjetas de crédito está en riesgo. Pero desde el momento en que hace clic en un sitio web, se expone a sí mismo y a sus datos a fuerzas externas a través de cookies y otra tecnología furtiva que puede estar conectada a ese sitio web y conducir a la pérdida o exposición de datos personales.

Es una apuesta que todos tomamos diariamente.

El problema es que los atacantes cibernéticos son cada vez más sofisticados en sus habilidades de pirateo.[23] Un atacante cibernético en 2020 en comparación con uno en 2001 es una bestia completamente diferente. Estos atacantes están causando estragos en individuos, niños y compañías por igual. Sólo en el año 2018 se gastaron más de 45.000 millones de dólares para intentar controlar ataques cibernéticos.[24]

Con el fin de detener a estos atacantes, necesitamos invertir en educación de seguridad cibernética. Si conoce a su enemigo, puede detenerlo antes de que saque su arma. En lugar de permanecer a la defensiva, esperando pasar desapercibido, puede tomar una postura ofensiva con información y educación. Comenzar temprano y educarse es a menudo la mejor manera de crear conciencia en la educación infantil.

6 maneras en que los atacantes cibernéticos pueden robar su información

1. **Phishing (Suplantación de Identidad):**

   El phishing es otra palabra para un correo electrónico falso disfrazado de legítimo. Aunque los niños de tres a nueve años probablemente no usarán un correo electrónico, los niños mayores de diez años lo harán. (Muchas escuelas envían correos electrónicos para alertar a los estudiantes sobre cierres, retrasos, etc.) Los piratas informáticos crean estos correos electrónicos de phishing con la intención de robar información personal, como contraseñas, información de cuentas bancarias y números de seguridad social.

   Estos correos electrónicos intentan parecer que provienen de una persona u organización conocida que probablemente estaría contactándolo (por ejemplo, una organización sin fines de lucro que ofrece a un estudiante una beca o subsidio). Los correos electrónicos tratan de inculcar un sentido de urgencia: "Actúe ahora o mañana la oferta se habrá ido". Pero ningún correo electrónico legítimo de una institución lo presionará para que responda en cuatro horas. Esa es su primera pista de que es un correo electrónico de phishing.

Estos correos electrónicos también contendrán algún tipo de enlace que facilita al destinatario introducir los detalles de la tarjeta de crédito inmediatamente. Los phishers no van a andarse con rodeos. Incluso podría haber un archivo adjunto con un virus en el correo electrónico. Vaya con cautela.

Además, revise de dónde vino el correo electrónico. Si el correo electrónico es cindy@santander.com, probablemente sea legítimo. Pero si el correo electrónico es cindy@tubancosantander.com, es claramente alguien tratando de fingir que trabajan con el banco.

Los correos electrónicos de phishing a menudo están plagados de errores ortográficos, ya que muchos de ellos son generados por los piratas informáticos en países extranjeros. Si ve errores ortográficos o una redacción extraña, probablemente sea un signo de intención maliciosa.

Por último, lo más importante es confiar en sus instintos, si algo no parece correcto, probablemente no lo sea. No abra correos electrónicos desconocidos o sospechosos, y no los reenvíe. Si tiene alguna pregunta sobre su autenticidad, encuentre información de contacto auténtica en Internet y póngase en contacto directamente con el proveedor. Notificarlos puede permitirles tomar precauciones para reducir el daño de una campaña de correo electrónico de phishing.

2. Malware:

Malware es otra palabra para software malicioso que ha sido creado para comprometer un sistema y robar datos de él. Malware, entre otras cosas malas, puede modificar las funciones principales de un sistema y realizar un seguimiento de las actividades de una víctima mucho después de haber sido descargado. Los principales tipos de malware incluyen los siguientes:

* **Virus**: Incluso si usted no se considera un experto en lo digital, es probable que haya oído hablar de virus informáticos. Un *virus* es un código o programa malicioso que ha sido escrito con el propósito específico de cambiar la forma en que funciona un ordenador. Se adhiere a un documento o programa y luego se propaga de un sistema a otro. Entre las muchas cosas que los virus pueden hacer, pueden corromper y destruir datos importantes.

* **Troyanos:** Un caballo de *Troya,* más conocido como un *troyano,* es un código malicioso o software que está diseñado para parecer confiable. Usted podría ser engañado para descargar un troyano porque parece legítimo, pero una vez que está en su ordenador, puede dañar su sistema y robar información.

* **Spyware:** Es un software malicioso que rastrea y almacena su información personal y se la envía a un tercero (por ejemplo, publicistas, empresas de datos, personas malintencionadas, etc.). El software espía puede rastrear sus contraseñas,

29

monitorear su actividad y espiar la información confidencial que comparte en su computadora. La información recuperada a través de un spyware se puede utilizar para el robo de identidad y otras formas de delincuencia cibernética.

- **Registradores de teclas:** *Keylogger* es el termino en inglés del *registrador de teclas*. Este es un programa que rastrea cada tecla que presiona en su teclado. Esencialmente, cada acción que realice en su dispositivo es observada, con la intención de usarla en su contra. El objetivo es recopilar información confidencial, como sus contraseñas y números de tarjetas de crédito. Los Keyloggers son una amenaza especialmente grave porque están muy bien cubiertos y proporcionan acceso sin precedentes a su actividad digital.

Independientemente del tipo de malware contra el que se enfrente, es lo último con lo que quiere lidiar con una computadora portátil o de escritorio.

Para mantenerse a salvo, asegúrese de tener un software antivirus descargado en el ordenador de su hijo. Anímelo a nunca descargar ningún software desconocido o hacer clic en cualquier ventana emergente que aparezca en sitios web extraños (Muchos niños terminan en sitios de memes extraños). Además, tener el software no es suficiente. Asegúrese de actualizar el software con frecuencia y ejecutar análisis con el antivirus para detectar cualquier software malicioso en su dispositivo.

3. Mal-Apps:

Aunque son bastante nuevas, las *aplicaciones maliciosas* o *mal-apps* son algo que sus hijos deben tener en cuenta al descargar aplicaciones de Google Play y App Stores. Sí, estas tiendas trabajan duro para asegurarse de que todas las aplicaciones que se cargan en ellas son confiables. Sin embargo, todavía hay piratas informáticos maestros que logran cargar sus aplicaciones en estas plataformas, y estas aplicaciones contienen código malicioso que puede poner su privacidad personal en riesgo.

Esté alerta a las solicitudes de acceso a la cuenta, permiso de SMS, acceso al micrófono y acceso a los contactos al descargar aplicaciones. Para evitar estos problemas, compruebe los permisos antes de descargar la aplicación, así como las opiniones y valoraciones. Es una buena regla general decirle a su hijo que no descargue ninguna aplicación con menos de cincuenta mil descargas. Por último, *nunca* descargue nada de tiendas de aplicaciones de terceros.

Finalmente, a pesar de que esto se ha dicho muchas veces antes, los dispositivos y software de Apple no son inmunes al malware y las aplicaciones maliciosas. Cualquier dispositivo conectado a Internet es susceptible, y eso incluye el sensor de su pecera de Internet de las Cosas (IoT). (En 2017, los hackers utilizaron el sensor de una pecera en un casino norteamericano para acceder a los datos del casino.)[25]

4. Smishing:

Smishing es el nuevo phishing, excepto que se hace a través de mensajes SMS. Estos textos son complicados, y si no está prestando atención, pueden hacer que divulgue información más fácilmente que un correo electrónico de phishing. Muchas personas que se dedican al smishing se harán pasar por bancos y enviarán un enlace a su teléfono diciéndole que su cuenta ha sido hackeada y que necesita restablecer su contraseña.

Ningún banco legítimo le pedirá que restablezca su contraseña a través de un mensaje de texto. Lo van a llamar por teléfono. Además, puede intentar llamar al número sospechoso para averiguar si realmente son quienes dicen ser. Sin embargo, como precaución, le aconsejo que, si no está seguro, solo se comunique con su banco directamente utilizando un número oficial de los que aparecen en su sitio web o en su estado de cuenta.

5. Amenazas de seguridad física:

Hay un montón de personas que han descubierto cómo espiar a través de las cámaras de teléfono y de computadoras portátiles. Los pirateos de cámaras web se han vuelto especialmente comunes. Aunque no hay mucho que pueda hacer al respecto, puede asegurarse de que sus hijos tengan cinta adhesiva pegada sobre las cámaras de sus portátiles en todo momento a menos que sean absolutamente necesarias. Los pirateos de cámaras web suelen ocurrir a través de uno de los métodos mencionados anteriormente. Esto también incluye problemas con dispositivos inteligentes, como Alexa. Por lo tanto, repito, debe mantener su software antivirus actualizado para minimizar este riesgo.

6. Redes no seguras:

Si conecta cualquiera de sus sistemas o dispositivos a una red no segura, puede proporcionar al hacker acceso a todos los archivos de su sistema. Como puede imaginar, esto puede terminar mal para usted y sus hijos. Cuando un hacker obtiene el control de sus sistemas, puede robar las contraseñas de sus cuentas sociales y bancarias, así como otra información delicada.

Para evitar que esto suceda, nunca se conecte a redes Wi-Fi abiertas en las que no pueda confiar. Incluso si es una red gratuita, no asuma que es una en la que puede confiar. Si está en una cafetería, pregunte por la red Wi-Fi y la contraseña del personal, si es posible, en lugar de la opción pública. Lo más importante, considere la posibilidad de obtener una red privada virtual (VPN). Las VPN aumentan la seguridad y privacidad de las conexiones públicas en línea, lo que le permite acceder a una red pública como si su dispositivo estuviera conectado a una red privada.

Estas son las seis formas más comunes en que los atacantes cibernéticos están infringiendo la seguridad de su hijo hoy en día. Por supuesto, hay muchas otras maneras en que pueden tratar de infiltrarse en la vida de sus hijos, por lo que enseñarles los fundamentos del uso cauteloso de Internet puede ser increíblemente beneficioso para la seguridad personal de toda su familia.

¿Qué es la seguridad cibernética?

La seguridad cibernética se define oficialmente como "técnicas que protegen computadoras, redes, programas y datos de accesos no autorizados o ataques que se utilizan para el abuso".[26] En la mayoría de los casos, la seguridad cibernética es promulgada por un software o empresa de terceros. En algunas empresas, está manejada por todo un departamento interno. Hay algunos tipos clave de seguridad cibernética:

- **Seguridad de la aplicación:** Se trata de detener cualquier amenaza al software o a los dispositivos, ya que una aplicación comprometida pone los datos confidenciales en riesgo de exposición. Una seguridad de la aplicación fuerte generalmente se construye durante la etapa de diseño.

- **Seguridad de la información:** Esta categoría de seguridad consiste en mantener los datos privados en todo momento, incluso cuando están almacenados y cuando están en tránsito.

- **Seguridad ante desastres:** Se trata de cómo una organización responde a los ataques cibernéticos. Cuando los datos ya están perdidos o los sistemas y las operaciones se ven comprometidos, la empresa necesita recuperarse rápidamente, y debe hacerlo evitando cualquier pérdida de datos adicional.

- **Seguridad de la red**: La seguridad de la red consiste en proteger las redes informáticas de los hackers y personas malintencionadas que podrían instalar malware.

- **Seguridad operacional:** Esto implica la gestión diaria y el uso de sistemas informáticos, incluyendo quién tiene acceso y en qué niveles. Unos controles estrictos pueden ayudar a prevenir ataques y vulneraciones de datos.

- **Educación:** De la misma forma en que es importante tener protocolos y sistemas para proteger los datos, también es fundamental educar al usuario final. Al igual que el nivel de información proporcionada por este libro, una gran educación en seguridad cibernética puede ayudar a las personas a evitar cometer errores que los dejen a ellos o a sus organizaciones vulnerables. Esto podría cubrir todo, desde reconocer correos electrónicos sospechosos hasta el uso de dispositivos USB.

Dentro de cada una de estas categorías, hay varias subcategorías que se pueden cubrir y muchos productos especiales que se pueden utilizar para la protección. Como puede ver, es un tema bastante extenso, por lo que necesita ser integrado en nuestros sistemas educativos. Sin mencionar, dada la creciente importancia de la seguridad cibernética, que hay un gran número de trabajos sin ocupar relacionados con la industria, por lo que exponer a los niños a esta forma de pensar puede prepararlos para su futuro.

Por último, la educación en seguridad cibernética mantendrá a los niños seguros a medida que crecen, ayudándoles a garantizar que su información y proyectos tecnológicos sean lo más seguros posible. Es una inversión en el futuro de nuestra economía y PIB, y comienza con algo tan simple como enseñar sobre seguridad cibernética.

Ahora que conoce los fundamentos de la preparación de su hijo para ataques de información personal, es hora de dirigir nuestra mirada a una realidad triste e inquietante en la que los ataques cibernéticos socavan nuestra salud mental y bienestar emocional.

CAPÍTULO 5

Acoso cibernético

Tirar de alguien hacia abajo nunca te ayudará a llegar a la cima.

Todos sabemos que es verdad. Es por eso que muchas personas, incluidos los niños, nunca usarán sus teléfonos o computadoras portátiles para el acoso cibernético. El problema es que siempre habrá un grupo minoritario de personas inseguras que se emocionan de ser guerreros de teclado anónimos y causar estragos en estudiantes de todas las edades.

En la era de Internet, también tenemos que tener en cuenta la edad del individuo. Un individuo puede tener una enorme cantidad de poder con un teléfono inteligente, haciendo que cientos de niños se sientan tristes, deprimidos, ansiosos o suicidas.

Los efectos del acoso cibernético son muy reales hoy en día. Los Centros para el Control de Enfermedades informan que el suicidio es una de las tres principales causas de muerte entre los jóvenes, con un fuerte vínculo con el acoso escolar.[2728] Si hay algo que llevarse de este libro, es que este capítulo es sin duda el más importante.

Usted necesita ser consciente de estas aterradoras estadísticas, así su hijo estará preparado para los depredadores y anarquistas de Internet, o para inventar una frase: *predarcas*. Internet hace que sea fácil para otros niños decir cosas desagradables, ya no está la presión o las consecuencias del contacto cara a cara. Los estudiantes débiles y cobardes pueden crear cuentas anónimas en los sitios de redes sociales y decir lo que quieran, a quien quieran. Agregue un poco de inclinación tecnológica, y estos agresores pueden torturar virtualmente a su hijo sin que se dé cuenta.

Es algo letal y también completamente silencioso. Sin rastro en el mundo físico. Es por eso que nuestros estudiantes deben estar preparados para lidiar y combatir este tipo de acoso, tanto desde el punto de vista de la autopreservación como accediendo a los recursos escolares y a los sistemas de denuncia para que no se sientan unos "soplones". Además, cuanto más entendemos el acoso cibernético, más podemos tratar las causas profundas del acoso en sí.

En primer lugar, es importante entender los diferentes tipos de acoso cibernético que podrían estar afectando a su hijo hoy en día:

1. **Acoso:**

   Como la forma más común de acoso cibernético, el *hostigamiento* implica que el acosador envíe mensajes ofensivos y maliciosos a un individuo o a un grupo una o más veces. Cuando el acoso cibernético decide dar un paso más allá y amenazar con daños físicos o enviar mensajes cada vez más agresivos, el acoso cibernético es elevado a acecho cibernético. A veces, esto puede conducir a un daño en el mundo real, fuera de línea, y por eso es que es tan importante que los estudiantes alerten al personal y a los padres sobre este tipo de amenazas.

2. **Provocación (Flaming):**

   Al igual que el hostigamiento, la *provocación* es el acoso cibernético que se lleva a cabo por medio de correos electrónicos, salas de chat o mensajería instantánea. Es un tipo de acoso público que dirige lenguaje, imágenes y videos hostiles a una persona específica. La provocación puede ser lo mismo que acoso dependiendo de la situación.

3. **Exclusión:**

Aquí es donde el acoso cibernético comienza a ser difícil de rastrear. *La exclusión* es el acto de señalar intencionalmente y eliminar o excluir a una persona de grupos de chat en línea, grupos de Facebook, grupos de Instagram y sitios. A continuación, el grupo se dirige a la persona que se dejó fuera, dejándoles mensajes, enviando capturas de pantalla y haciéndole saber que se quedaron fuera del grupo.

Este es un ataque común que se está librando contra las mujeres jóvenes y puede tener efectos mentales graves e irreversibles en la víctima.

4. **Outing:**

El *outing*, también llamado "sacar del armario", ha salido en noticias recientemente publicadas relacionadas con estudiantes LGBT. Un estudiante en septiembre de 2019 fue catalogado como bisexual ante sus compañeros de clase. Luego pasó a quitarse la vida.[29] El *outing* se define como cuando un acosador comparte públicamente información personal y privada, imágenes o videos sobre alguien sin la aprobación de esa persona. Esto comúnmente gira en torno a la orientación sexual, cirugías, encuentros sexuales, y a veces imágenes/videos de actividades sexuales que fueron filmadas sin el consentimiento de la otra persona. Además, la realización y distribución de fotos/vídeos al desnudo o sexuales constituyen pornografía infantil. Esto hace que sea mucho más importante de detener y de prevenir, y es probable que requiera la participación de las fuerzas del orden.

5. **Enmascaramiento:**

También conocido como *catfishing,* el cual está más popularmente vinculado con el engaño en línea en las relaciones románticas, el *enmascaramiento* es el proceso por el cual un acosador crea una identidad falsa para acosar a alguien de forma anónima. Puede pretender ser otra persona, inventar el nombre y el perfil por completo, o usar una cuenta anónima sin imagen para hacerlo. Estas personas pueden hacer docenas de cuentas de Instagram en un solo día, enviando los mismos mensajes una y otra vez a la víctima a pesar de que esta los bloquea constantemente.

6. **Fraping:**

El *Fraping* puede comenzar inofensivamente, pero terminar en daños importantes en la reputación, oportunidades educativas y empleo. Esto es cuando un estudiante inicia sesión en la cuenta de redes sociales de su amigo, se hace pasar por él y publica calumnias raciales u homófobas. Si las calumnias son lo suficientemente graves, pueden volverse virales y potencialmente meter al estudiante en problemas en la escuela. Esto puede dañar permanentemente su reputación.

No se necesita ser un científico espacial para saber que el acoso cibernético se ha relacionado con el aumento de los informes de depresión adolescente, ansiedad y suicidio.[30] Como seres humanos, somos emocionalmente frágiles, e incluso la gente más fuerte se sentirá triste y solitaria si están deliberadamente excluidas de las cosas. Un niño ahora no sólo es juzgado por sus acciones en persona, sino también por su creciente registro de fotos, mensajes y textos en varias plataformas de medios sociales. Hay un juicio digital que dura toda la vida.

Entonces, ¿cómo puede mantener a su hijo a salvo? En primer lugar, comparta con ellos las formas comunes de acoso cibernético anteriores. Tenga una conversación sobre este tema abiertamente para que estén preparados para lidiar con él cuando les suceda. Si sospecha que está sucediendo y no le están diciendo, aquí hay algunas señales de que su hijo es víctima de acoso cibernético:

- Se ponen nerviosos o ansiosos cuando aparece un correo electrónico o mensaje en su teléfono.
- Tratan de decir que están enfermos para no ir a la escuela con más frecuencia.
- Parecen enojados y deprimidos después de usar su dispositivo móvil.
- Son reservados sobre lo que hacen en la computadora, y pueden enojarse si ve su pantalla.
- Se están alejando de los amigos y no tienen planes sociales los fines de semana.
- Están desanimados y tristes todo el tiempo.

Es difícil proteger a los niños del acoso cibernético completamente hoy en día. Anime a sus hijos a ignorar a los acosadores, y si el acoso persiste, que se lo haga saber, así podrá reportarlo a la escuela. Bloquee las direcciones de correo electrónico y los nombres de usuario de los acosadores en línea de la manera más eficiente posible. Reduzca el tiempo que su hijo pasa en el teléfono y la computadora en primer lugar.

Es aún más importante que mantenga un diálogo abierto con su hijo. Absténgase de castigarlos por ser víctimas de acoso cibernético. No es su culpa. Tengan una sesión educativa cada fin de semana donde se repasa sobre diferentes casos de acoso cibernético, para que sepan que esto es una realidad que pueden compartir con usted.

Por supuesto, durante esos años de crianza, la angustia puede impedir un diálogo entre usted y su hijo. Es por eso que debe haber programas escolares u otra cosa (por ejemplo, *Security Squad*) que pueda preparar a su hijo.

Por último, no sólo debemos hablar de acoso cibernético desde el punto de vista de la víctima. También es importante entender la mentalidad del atacante cibernético para abordar el problema en la causa raíz. En primer lugar, no se puede recalcar lo suficiente el hecho de que hay una variedad de causas que llevan a un niño ser un acosador cibernético. Por lo tanto, es importante que los padres, maestros y administradores de la escuela investiguen cada caso lo más de cerca posible. El acoso cibernético a menudo proviene de alguien que siente que está en una posición de debilidad. Esto puede ser el resultado de problemas familiares en el hogar que los hacen sentir indefensos. También puede ser causado por el aislamiento en la escuela, el aburrimiento, el odio hacia sí mismos, una sensación de venganza, o que ellos mismos son a veces víctimas del acoso cibernético.[31][32] Esta puede ser una manera para ellos de recuperar el poder que sienten que perdieron en algún otro aspecto de su vida. Además, debido a la sensación de distancia que proporciona Internet, los acosadores cibernéticos pueden no darse cuenta del grado de daño que un tuit, mensaje o foto puede causar.

CAPÍTULO 6

Interacciones en las redes sociales

Para muchos de ustedes leyendo esto, no tuvieron una cuenta en las redes sociales por lo menos hasta la edad de dieciocho años. En cuanto a los padres mayores, es posible que aún no tengan una. Está bien, pero probablemente no tenga idea de lo que es para un niño de seis o siete años participar en las redes sociales.

Sé lo que probablemente estás pensando: "¡No hay niños de seis años en Facebook! Eso es una tontería".

Piénselo de nuevo. Según eMarketer.com, 5,7 millones de niños menores de once años tienen cuentas en Instagram, Facebook y Snapchat, independientemente de las restricciones que impiden que los niños usen estas aplicaciones.[33]

Así es qué tan universalmente populares se han vuelto los sitios de redes sociales hoy en día. Todo el mundo quiere entrar en acción. ¿Por qué? Las redes sociales aprovechan algo muy innato para los seres humanos: el deseo de pertenecer y recibir elogios por las acciones, decisiones o logros de cada uno. Somos seres sociales de corazón, por eso los humanos se han agrupado en comunidades y barrios desde el principio de los tiempos. Nos va mejor cuando estamos en contacto con aquellos que son similares a nosotros.

Los adultos tampoco son inmunes al atractivo de las redes sociales. Probablemente hasta usted se haya involucrado una buena cantidad de peleas y discusiones en las redes sociales. Probablemente ha dejado de ser amigo de algunas personas o ha marginado a algunos miembros de la familia por su visión política. Cuando estamos ocultos detrás de nuestros teclados, por desgracia, el lado más oscuro de nuestra personalidad puede salir a jugar.

Sus hijos necesitan estar preparados para todo el tiempo que pasan en las redes sociales. Deben ser conscientes de que sus publicaciones y comentarios no sólo son permanentes, sino también accesibles al público. (Sí, incluso cuentas privadas. Alguien puede tomar una captura de pantalla de su publicación y hacer lo que quiera con ella.) Incluso si tiene la configuración de privacidad más alta y no hay conexiones de amistad en su cuenta, sigue siendo vulnerable porque el sitio web es vulnerable. En el momento en que alguien entra en las redes sociales, básicamente está renunciando a hasta el último detalle sobre sí mismo.

Fundamentos de la interacción en las redes sociales

Las redes sociales son un gran intercambio de información y conversación en constante cambio entre personas de todo el mundo. Hay formas públicas de chatear en las redes sociales, como comentar fotos o compartir publicaciones. Luego hay formas discretas de comunicación a través de portales de mensajes directos, grupos cerrados y respuestas de sondeo.

Estos diferentes canales de comunicación pueden meter a los niños en problemas si no saben lo que están haciendo. Vamos a desglosarlo un poco más:

1. Los mensajes públicos son permanentes:

Recuerde, cada vez que algo se publica en las redes sociales, considérelo permanente para toda la eternidad. Por lo tanto, si su hijo tiene un perfil privado de Facebook, pero aun así procede a publicar algo racista, es muy probable que pueda regresar para perjudicarlo en algún momento.

Las publicaciones son permanentes por varias razones. En primer lugar, cualquiera puede tomar una captura de pantalla de una publicación, incluso si se trata de un perfil privado. En segundo lugar, los sitios de redes sociales han dicho que todo el contenido publicado en ellos está almacenado en sus servidores. Incluso si lo elimina, una publicación atroz todavía puede circular. En tercer lugar, hay sistemas en todo el mundo que están haciendo archivados de varias versiones de sitios web. Con todos estos datos que se recopilan y almacenan, la programación informática se está poniendo al día con la forma de procesarlos. *Big data*, el campo de analizar y compartimentar datos demasiado grandes o complejos para el procesamiento de datos tradicional, y la *inteligencia artificial* (IA) están haciendo que estos datos sean cada vez más utilizables. En un futuro próximo, las solicitudes de empleo, las solicitudes universitarias y las pólizas hipotecarias/de seguros probablemente usarán el análisis de IA de todos los mensajes, fotos y tuits de su hijo en las redes sociales para determinar su estabilidad o capacidad para colaborar en la universidad, en el trabajo y en la vida.

Así que si su hijo piensa que es libre de publicar lo que quiera en las redes sociales, asegúrese de decirle por qué no es el caso, incluso con una cuenta privada. Las acciones de hoy podrían afectar sus posibilidades de ser aceptados en una buena universidad, conseguir un trabajo o recibir una promoción en el futuro. ¿No me cree? Este artículo destaca las historias de seis personas que fueron despedidas por sus publicaciones en las redes sociales, y esto es sólo la punta del iceberg.[34]

2. A los mensajes privados se les puede sacar capturas de pantalla:

Si su hijo piensa que está teniendo una conversación íntima y discreta con un amigo a través del Messenger de Instagram o WhatsApp, dígale que lo piense mejor. Esta persona podría tomar capturas de pantalla y enviar imágenes del chat a cualquier persona. Incluso si un canal parece privado, no significa que no pueda hacerse público muy, muy rápidamente.

3. A las imágenes se les puede sacar capturas de pantalla:

Nunca hay un momento en que sea aceptable que un niño o adolescente envíe fotos provocativas de sí mismos a través de las redes sociales. Especialmente con aplicaciones como Snapchat que eliminan el contenido después de ocho a diez segundos, porque el destinatario todavía puede tomar una captura de pantalla antes de que eso suceda. Incluso hay aplicaciones que eluden la regla de eliminación instantánea de Snapchat, lo que permite al propietario de la aplicación almacenar y acceder automáticamente a estas fotos sin que la otra persona lo sepa. Así que el movimiento "#MeSentíLindaPodriaEliminarlaMásTarde" en realidad no existe en absoluto. Cualquier contenido enviado a través de las redes sociales puede ser capturado y aprovechado por el destinatario, sin importar cómo se configure la aplicación.

4. Los textos pueden ser hirientes:

Cuando escribimos a los demás, estamos ignorando las inflexiones, la entonación y la personalidad de nuestras voces. Esto puede hacer que la mensajería en línea parezca mucho más mezquina y fría que las conversaciones regulares en persona. Por lo tanto, si su hijo está en salas de chat o mandándose mensajes a través de las redes sociales mucho tiempo, trate de educarlos sobre cómo ser educado y agradable sin la asistencia de la entonación vocal. Este tipo de educación también puede informar a un acosador cibernético potencial de lo hirientes que pueden ser las acciones en línea. Ayudarles a entender las repercusiones podría servir como punto de inflexión para desviarlos de ese tipo de interacción. La etiqueta de las redes sociales humaniza nuestras interacciones y puede ayudarnos a entender la naturaleza hiriente de algunos textos.

5. Los depredadores pueden esconderse detrás de cuentas falsas:

Las redes sociales se están convirtiendo en una forma cada vez más popular para que los depredadores en línea consigan que los niños pequeños y los adolescentes les envíen contenido desagradable. Pueden hacer perfiles falsos en cuestión de minutos y empezar a conectarse con perfiles en Facebook e Instagram.

Básicamente, al final del día, todo lo que digamos o intercambiemos a través de las redes sociales debe ser analizado como algo que compartiríamos en una habitación con cien de nuestros amigos y familiares más cercanos. Si lo que va a decir o publicar no es algo que pueda decirles a estas personas, entonces probablemente no sea apropiado compartirlo en las redes sociales.

Las redes sociales son mucho más permanentes de lo que la mayoría de los niños se dan cuenta. Si hay algo que resaltar de este capítulo, es mostrarle a su hijo lo permanentes que son todas las publicaciones en las redes sociales.

Además, si sus hijos están publicando menos contenido provocativo en el mundo, es menos probable que sean blancos de exclusión u otras formas de acoso cibernético. Algunas cosas es mejor mantenerlas en privado.

CAPÍTULO 7

Depredadores en línea

Hemos llegado a un capítulo que probablemente ningún padre quiera leer. Sin embargo, todos tenemos que estar atentos, por lo que la discusión de los depredadores en línea no se puede dejar de lado. Estos son seres humanos reales, vivos y que respiran, posiblemente ubicados en su vecindario. Internet les ha proporcionado una variedad de tácticas para llegar a sus hijos y convencerlos de que vayan a su casa a tomar un aperitivo o nadar.

Estas personas malintencionadas son especialmente formidables con los adolescentes que buscan una pareja o alguien que los ame. Estos depredadores saben cómo hacer parecer que también tienen catorce o quince años. Es muy importante que su hijo sepa esto antes de interactuar con otros en Internet.

Primero repasemos algunas estadísticas.

Alrededor del 95% de los adolescentes entre doce y diecisiete años están en línea. De estos adolescentes, alrededor de uno de cada cinco informan que han recibido una solicitud sexual no deseada a través de Internet.[35] Estas solicitudes supuestamente tomaron la forma de requisitos para participar en actividades o conversaciones sexuales, o para brindar información sexual personal.

Al mismo tiempo, el 75% de los niños están dispuestos a compartir información personal en línea sobre sí mismos y sus familias a cambio de bienes, servicios o regalos. En un mundo que nos hace sentir cada vez más solos, el 33% de los adolescentes también son amigos en Facebook de personas que nunca han conocido en persona. Los amigos por correspondencia virtual se han convertido en algo normal hoy en día.

Los depredadores lo saben, por eso es que son parte de la ecuación.

Los depredadores cibernéticos suelen caer entre las edades de dieciocho y cincuenta y cinco años y se alimentan de niños de once a quince años. En 2015, había 799.041 delincuentes sexuales registrados viviendo en los Estados Unidos. Ese es sólo el número de los que han sido capturados y condenados.

¿Cómo trabajan los depredadores en línea?

Los depredadores hacen que su misión sea establecer contacto con los niños a través de la conversación. Puede encontrarlos en salas de chat, ventanas de mensajería instantánea, correo electrónico y grupos de debate. Con tantos grupos y foros de apoyo entre compañeros hoy en día que tratan con la ansiedad y la depresión, muchos de estos depredadores también aparecen en estos chats en busca de víctimas vulnerables y solitarias.

Los depredadores en línea no trabajan de forma rápida u obvia, ya que prepararse lleva tiempo. Poco a poco seducen a sus objetivos a través de comentarios, atención, cumplidos, afecto, y eventualmente, incluso regalos. Lo hacen a lo largo de una línea de tiempo significativa, por lo que puede ser difícil notar que algo sucede en el ínterin. Puede que usted se preocupe porque su hijo está jugando juegos en una enorme plataforma multijugador con extraños. Pero lo más importante es de qué forma interactúa con los otros jugadores. Por ejemplo, ¿recibe regalos digitales gratuitos de los otros jugadores para mejorar las habilidades de su personaje?

Los depredadores también se asegurarán de aprender acerca de las tendencias, hábitos, gustos, y aversiones de los niños. Escucharán la misma música e irán a las mismas películas para que tengan cosas en común para discutir. Serán capaces de simpatizar con los niños, ganándose su confianza y posiblemente incluso volviéndolos en contra de sus propios padres. "Dios, es tan injusto que tus padres no te dejen ir al centro comercial este fin de semana. Ellos no saben cómo divertirse".

Mientras todo esto está sucediendo, tratarán de aliviar las inhibiciones de los jóvenes introduciendo contenido sexual en las conversaciones. Repito, lo harán gradualmente, aunque el contenido irá incrementando en contenido inapropiado hacia el final (por ejemplo, imágenes y videos).

¿Qué niños están en riesgo?

Técnicamente, cualquier niño, particularmente menor de dieciocho años, en las redes sociales o en Internet está en riesgo de conocer e involucrarse con un depredador. Los depredadores saben que estos niños son lo suficientemente jóvenes como para no notar nada fuera de lo común. Su inocencia es algo de lo que se alimentarán, utilizándolo para su propio beneficio con el tiempo.

Los depredadores también saben que los adolescentes, específicamente de doce a dieciséis años, están explorando su sexualidad, las partes recién descubiertas del cuerpo, y buscan alejarse del control de sus padres y el rebelarse. Y de esta forma llega el depredador para aprovecharse, listo para ser un hombro en el que puedan llorar.

Entre los niños que corren más riesgo de convertirse en víctimas de depredadores en línea se incluyen los siguientes:

- Los niños que acaban de volverse parte de Internet y no están familiarizados con la etiqueta en línea[36]
- Los niños que buscan afecto o atención que no reciben de los padres/maestros
- Los niños que están pasando por una fase rebelde
- Los niños que se sienten aislados o solos, potencialmente a causa del acoso cibernético que sucede en su escuela
- Los niños que son curiosos y están confundidos acerca de su identidad sexual
- Los niños ingenuos

Como puede ver, esta lista describe un número desmesurado de niños hoy de la actualidad. Algunos de estos atributos seguramente describen a sus hijos, estudiantes, sobrinas o sobrinos. Por lo tanto, ¿qué puede hacer para mantener a su hijo a salvo? Puede ayudarlos a ser conscientes de que estos depredadores están sueltos, por lo que deben estar alerta antes de que ocurra cualquier problema.

Además, está bien establecer algunas reglas básicas en su hogar. Como padre o maestro, usted debe hacer lo siguiente:

- **Involucrarse:** Eduque a sus hijos sobre los depredadores sexuales. Comparta historias. Cubrir las tácticas más comunes y métodos de mensajería de estos para que sus hijos sean conscientes. No deje que los niños naveguen por las aguas de Internet solos, sin experiencia ni orientación.

- **Diga "no" a las salas de chat:** No hay necesidad de estar en una sala de chat, especialmente con las redes sociales hoy en día. Dígales a sus hijos que pueden usar las redes sociales (no puede quitarles todo o de lo contrario se rebelarán), pero que no pueden estar en salas de chat.

- **Ponga las computadoras en espacios públicos:** No permita que un niño que tiene sólo once años de edad tenga una computadora privada en su dormitorio. Téngala en un espacio comunal visible.

- **Use una dirección de correo electrónico compartida:** Cuando un niño es joven (menor de quince o dieciséis años), utilice solo un correo electrónico para toda la familia.

- **Reglas sobre amigos de Internet:** En lugar de decirle a su hijo que no se le permite tener amigos de Internet (esto nunca funcionará y sólo los enojará), cuénteles acerca de las reglas. Los niños no deben reunirse con estos amigos de Internet en persona debido a las diversas razones de seguridad que hemos discutido.

- **Mantenga una comunicación abierta:** Asegúrese de dejar claro que su hijo puede recurrir a usted en cualquier momento si cree que se ha encontrado con un depredador. Nunca es culpa del niño, así que no actúe como si lo fuera. Sea comprensivo y mantenga la calma al respecto; mantenga el canal abierto.

También puede llamar a la escuela, así como a los padres del mejor amigo de su hijo, y asegurarse de que haya protección en las computadoras. Pero, aun así, la supervisión de computadoras/dispositivos es fácil de superar, así que considere un enfoque holístico. Trabajar en conjunto con la escuela de su hijo es una gran manera de mantener al personal de la escuela informado y activo mientras trabajan juntos para crear programas y funciones de denuncia que hagan que sea más fácil para los niños expresar si están teniendo problemas con alguien en Internet.

Aunque Internet ha hecho que mantenernos conectados sea más fácil para todos nosotros, también ha hecho que sea más fácil para la gente con malas intenciones mantenerse conectada. En el momento en que su hijo tenga acceso a Internet, usted necesita poner algunas reglas básicas, sobre la probabilidad de terminar chateando con depredadores. Es una realidad que deben conocer si tienen acceso a Google.

CAPÍTULO 8

La programación y el futuro

Ahora que hemos sacado los lados más aterradores y negativos de la inmersión digital, es hora de echar un vistazo a un elemento prometedor de esta nueva era de la tecnología. Ahora está equipado con las herramientas para mantener a sus hijos a salvo de Internet, así como con estrategias para mantener su información personal bloqueada. Pero ¿qué pasa con esos nuevos servicios, oportunidades, empleos y lenguajes completamente digitales que han surgido con toda esta transformación digital?

La *programación*, también conocida como *lenguaje informático*, es la base de cualquier aplicación web, aplicación móvil, sitio web, algoritmo, o cualquier otra cosa que básicamente hace que su día avance con facilidad. Hay muchos lenguajes de programación y aplicaciones diferentes, los cuales pueden parecer números aleatorios y letras a alguien sin experiencia de programación.

La mayoría de los adultos de hoy en día no tendrán conocimientos de programación y, por lo tanto, no alentarán activamente a su hijo a aprender más sobre este tema y la informática en general. Pero eso es un gran error. Al igual que las matemáticas, la historia y el inglés, la programación se está convirtiendo rápidamente en una habilidad obligatoria que es igual de integral a la educación del siglo XXI. De hecho, muchos analistas y periodistas se han referido a la programación como la "nueva alfabetización". Nuestro sistema escolar está diseñado para enseñar la "vieja alfabetización" cuando los estudiantes son jóvenes. ¿Por qué no podemos hacer lo mismo con la programación?

Las investigaciones muestran que cuanto antes introducimos habilidades a los estudiantes, más probable es que conserven la información y la usen más adelante en la vida.[37] Sin mencionar que es más económico enseñar estas habilidades cuando los estudiantes son jóvenes, ya que es mucho más difícil aprender nuevas habilidades e idiomas cuando somos mayores.

Y para los estudiantes que aprenden a programar, hay una gran recompensa. En 2016, la Oficina de Estadísticas Laborales informó que el salario promedio para un desarrollador de software era de $102,480; $79,840 para un programador de computadoras. Las ganancias anuales promedio para todas las carreras son de solo $37,040.[38] Según estadísticas laborales del pasado año 2019, el promedio salarial anual en España es de unos 53.396€ para un desarrollador de software; 30.000€ para un programador de computadoras, siendo el promedio de ganancias para la mayoría de las carreras de unos 20.000€ anuales. Si la programación es parte del conjunto de habilidades de un estudiante, su potencial de ganancia se disparará. Además, sólo se espera que aumente la demanda de trabajos relacionados con la programación. Para 2026, se necesitará un 24% más de desarrolladores de software.

Por supuesto, estos beneficios están relacionados con las ganancias y la trayectoria profesional. Pero hay más para ganar con la programación que un salario de seis cifras. Los niños que sepan programar serán mejores a la hora de solucionar problemas, tendrán más flexibilidad profesional y podrán usar la programación en una amplia variedad de campos, no solo en ciencias de la computación.

Así que, aunque el mundo de la programación pueda parecer aterrador para los padres o maestros que no son conocedores de lo digital, vale la pena involucrar a sus hijos lo antes posible. Internet no es solo un lugar para el entretenimiento o para evitar riesgos. También es una ventana a una vida productiva y fructífera, la cual es posible con la educación y las oportunidades adecuadas a la edad adecuada.

Como cubrimos al principio de este libro, la programación y la informática están aquí para quedarse. Si quiere que su hijo tenga un futuro prediciblemente lucrativo, esta es una de esas aficiones que debería empezar a promocionar lo antes posible.

Al igual que cualquier idioma extranjero, cuanto antes los niños comiencen a aprender los conceptos básicos de la programación, más fluidos serán.

Fundamentos de la programación: ¿Qué lenguaje debe aprender mi hijo primero?

Hay diferentes lenguajes informáticos por ahí para diferentes propósitos. La programación no cuenta con una solución única, por lo que debería saber más sobre lo que está disponible para su hijo:

1. **Python:**

   Python es generalmente considerado como el lenguaje de programación más fácil de aprender. Por lo general, es el primero que los estudiantes eligen cuando están empezando su aventura. Antes de saltar a todas las reglas de sintaxis estrictas, Python es un lenguaje de programación que se lee casi como inglés y es fácil de entender. Es una buena opción si es nuevo en la programación. Con Python, puede obtener un conocimiento básico de las prácticas de programación sin tener que obsesionarse con pequeños detalles que se vuelven increíblemente importantes en otros lenguajes.

Python puede ayudar a los programadores a crear sitios web, interfaces gráficas de usuario y software. En realidad, incluso se utilizó para crear Instagram, YouTube y Spotify. Dado que es más simple que otros lenguajes, a menudo se cree que es un lenguaje más lento debido a las pruebas que requiere.

2. C:

C es definitivamente un lenguaje de programación más difícil de aprender, pero sigue siendo una de las mejores opciones debido a todos los lenguajes de programación que se basan en él, como C++ y C#. Una vez que aprende C, es muy fácil aprender los demás.

C es a menudo considerado como un lenguaje de programación a nivel de máquina y es ideal para aprender cómo funciona un ordenador. Algunos programadores lo han comparado con la comprensión de la anatomía básica para los que quieren convertirse en médicos. Si se toma el tiempo para abordar este lenguaje y realmente llegar a conocerlo, entonces el cielo es el límite.

3. Java:

Java es conocido como un lenguaje de programación orientado a objetos y con muchas funciones que tiene una demanda muy alta hoy en día. Si su hijo se gradúa de un campo de entrenamiento de programación en Java, estará en el negocio. Java se puede escribir en cualquier dispositivo y es multiplataforma, lo que significa que es un lenguaje de programación altamente funcional.

Es por esto que algunos de los principales empleadores actuales de programadores Java se encuentran trabajando en grandes empresas como eBay, Amazon e IBM.[39] Java también se utiliza para el desarrollo de aplicaciones Android y iOS, lo que lo convierte en el lenguaje de programación ideal si desea crear aplicaciones móviles.

Al final del día, Java no es tan fácil como Python, pero todavía se considera una opción de programación relativamente fácil de usar. Pero tomará mucho más tiempo implementar su primer proyecto, y eso es perfectamente normal.

4. **Javascript:**

Después de Java viene JavaScript, que es la base de la mayoría de los sitios web que visita hoy en día, así como aplicaciones tales como Twitter, Gmail, Spotify, Facebook e Instagram. Este lenguaje de programación es necesario al agregar interactividad a sitios web, ya que se comunica con HTML y CSS. Por lo tanto, es esencial para el desarrollo que conecta e interactúa con los usuarios y sitios web orientados al consumidor. Al mismo tiempo, es cada vez más importante en el desarrollo interno, liderando la carga en marcos de automatización de pruebas.

Dado que JavaScript ya está integrado en los navegadores, no hay nada que instalar, por lo que se considera el lenguaje de programación más fácil para empezar en términos de configuración.

Una desventaja es que JavaScript se interpreta de manera diferente en cada navegador. Y definitivamente no es tan fácil de aprender como Python. Es necesaria algún tipo de educación para que este lenguaje de programación sea accesible para su hijo.

5. Ruby:

Y, por último, pero no por eso menos importante, tenemos a Ruby. Similar a Python, ya que es uno de los lenguajes de programación más fáciles de aprender sin ninguna experiencia previa en programación. Ruby viene con una multitud de bibliotecas y herramientas que lo hacen altamente versátil.

Es más solicitado por su marco de participación completa, Ruby on Rails. Airbnb, Grubhub, Groupon y Soundcloud son algunos ejemplos de aplicaciones creadas con Ruby on Rails, lo que demuestra lo activa que se ha vuelto hoy en día su comunidad de desarrolladores.

La única crítica es que el software tiene dificultades para funcionar en sitios web más grandes, por lo que es típicamente una opción deseable para sitios web más pequeños.

Campamentos de programación

Dado que muchas escuelas no están ofreciendo a los estudiantes una educación en programación, hay montones de campamentos de entrenamiento en programación disponibles para los niños y para aquellos que eligen ignorar la educación superior en favor de la implementación inmediata de la programación. Sorprendentemente, estos campamentos de entrenamiento pueden durar entre catorce y veinticuatro semanas, lo que los hace significativamente menos exigentes que un programa escolar de cuatro años.

Los campamentos de programación cuestan mucho dinero. Es por eso que, como padre, probablemente desearía que la educación pública básica lo haga correctamente la primera vez.

Pero ¿qué pasa si no tiene tiempo o dinero para un campo de entrenamiento de programación? Considere la posibilidad de encontrar uno de los muchos libros de texto con "Programación para niños" en el título o uno de los juegos de programación basados en la web. Estos proporcionan formas divertidas de enseñar habilidades básicas de programación. Incluso si sus hijos no van a entrar en una carrera relacionada con la programación, sólo estar familiarizado con ella les dará una ventaja en cualquier industria de la tecnología. En un libro posterior, publicaremos un manual que sus hijos podrán usar para aprender a programar de una manera divertida y atractiva.

CAPÍTULO 9

7 razones por las que los niños deben ser educados sobre los desarrollos digitales

¡Ya casi ha llegado al final de *Preparando a nuestros hijos para la inmersión digital*! Si ha llegado hasta aquí, significa que le apasiona cambiar su participación en el futuro digital de su hijo. Si queremos permanecer atentos, protegidos, alertas y competitivos a nivel mundial, todos necesitamos unirnos y cambiar la narrativa actual.

Hemos dedicado mucho tiempo a redefinir cómo analizamos este tema, pero antes de cerrar la discusión, es importante entender estas siete razones finales por las que los niños deben ser educados sobre los desarrollos digitales y las oportunidades disponibles para ellos hoy en día:

1. **El sector tecnológico no va a bajar el ritmo:**

   ¿Ha notado lo rápido que los nuevos iPhone, versiones de aplicaciones y otros dispositivos se ponen a nuestra disponibilidad en los mercados actuales? La tecnología no va a disminuir para nadie. De hecho, se está desarrollando tan rápidamente que algunas personas están preocupadas por el potencial de que los robots de IA se vuelvan más inteligentes que nosotros en los próximos cien años.

   Los coches autónomos y Ubers están en la carretera. Los drones están entregando correo. Usted entiende

Necesitamos ampliar nuestro grupo de talento como país para aprovechar las oportunidades que tenemos ante nosotros. En lugar de lamentar el cierre de grandes almacenes, deberíamos centrar nuestro foco en todos los puestos de trabajo disponibles en el sector tecnológico. No es que los trabajos hayan desaparecido por completo, es sólo que están bajo un nuevo título que refleja su nueva naturaleza técnica. La tecnología no va a desaparecer.

2. Los estudiantes con experiencia tecnológica ganan más:[40]

Como hemos aludido muchas veces en este libro, los estudiantes con títulos muy codiciados en programación e informática están saliendo a un mercado que está suplicando por candidatos. En lugar de ver a su hijo luchar con la abrumadora deuda de préstamos estudiantiles mientras tratan de conseguir un trabajo con su título de artes liberales, ¿por qué no ponerlos en un camino hacia el éxito a partir de la escuela secundaria?

Además, hay muchas especialidades tecnológicas diferentes más allá de la programación y la seguridad cibernética que los estudiantes pueden considerar aprender y explorar. O pueden obtener un título en ciencias de la computación junto con otro grado, como la biología, y ayudar con todos los requisitos relacionados con la tecnología en ese campo. Los requisitos de las habilidades informáticas no están reservados solo para una o dos industrias.

3. **La educación en defensa tecnológica hará que los estudiantes sean más seguros de sí mismos:**

En este momento, los estudiantes sienten que se están ahogando en un mar de ansiedad, tratando de navegar por las dificultades del crecimiento mientras sufren de acoso cibernético, son monitoreados en línea y acechados por depredadores. Prepararlos con las herramientas, la educación y los conocimientos prácticos para navegar por estas aguas les dará una nueva sensación de confianza.

Como personas expertas en tecnología, serán menos susceptibles a los avances no deseados y a los depredadores que buscan personas débiles y vulnerables. Tampoco aceptarán el acoso escolar y serán más propensos a hacer algo al respecto, denunciar al infractor o contárselo a usted. Una autoestima alta ayuda mucho.

4. **La tecnología es universal:**

Los estudiantes con capacidades bilingües son muy valorados hoy en día. ¿por qué? Porque hemos entrado en un mercado global, uno que incluye economías de todo el mundo. De la misma manera, ayuda a entender cómo la tecnología, la programación y el trabajo de comunicación posicionarán a su hijo mucho más favorablemente en la jerarquía de contratación.

¡Incluso podrían trabajar en el extranjero!

5. Aprender a programar aumenta las habilidades de pensamiento crítico:

Cuando los estudiantes aprenden ciencias de la computación a una edad temprana, se activan las áreas de sus cerebros que mejoran sus habilidades de pensamiento crítico. Con estas habilidades, sobresaldrán en una variedad de otros temas y se convertirán en sofisticados solucionadores de problemas a una edad temprana.

Este talento los hará más seguros en su capacidad para asumir proyectos y tareas. También los hará personas más seguras de sí mismas y, por lo tanto, tendrán menos probabilidades de ser presas fáciles, como hemos mencionado anteriormente.

6. Los ataques cibernéticos están aumentando cada día:

Se espera que el costo de los ataques cibernéticos en 2019 sea el doble que el de 2018. Los piratas cibernéticos no van a ninguna parte. Se están volviendo tan avanzados que las empresas están abriendo departamentos completos de seguridad cibernética sólo para garantizar que la información y los hechos delicados se mantengan privados.

Es importante que los niños aprendan medidas básicas de seguridad cibernética antes de que un hacker llegue a ellos primero. Es sólo cuestión de tiempo.

7. La educación tecnológica hará que su hijo sea más feliz:

Gran parte de lo que hacemos y compartimos está vinculado a la tecnología hoy en día. Es nuestro todo. Ayudar a su hijo a convertirse en un maestro de su inmersión tecnológica aumentará su autoestima, confianza, habilidades de pensamiento crítico y un futuro brillante.

Todo esto, a su vez, hará que su hijo sea más feliz. No tienen por qué ser un blanco fácil en este nuevo mundo de inmersión digital, pueden agarrar al toro por las astas.

CAPÍTULO 10

Redefiniendo la forma en que vemos la actividad en línea de los niños

Para que podamos lograr los resultados duraderos y críticos que nuestro mundo y nuestros hijos necesitan desesperadamente ahora y en el futuro, tenemos que replantear la forma en que abordamos estos temas. Hacerlos tabú y mantenerlos fuera de la mesa los vuelve secretos. Cuando algo es secreto, promueve un comportamiento defectuoso y radical o una rebelión de parte de los niños.

No podemos pretender que los depredadores en línea o los atacantes cibernéticos no existen; el mundo idílico que quería para su hijo simplemente no existe. Sin embargo, usted puede preparar a su hijo para que navegue por los obstáculos con perfecta facilidad y confianza. Se trata de adaptarse a lo que tenemos hoy en día.

Hay algunos componentes que creo que, a través de la aceptación adecuada, le ayudarán a usted, a su comunidad y a sus maestros a abordar mejor el tema de la actividad en línea de los niños:

Recepción positiva

En lugar de hablar con un tono negativo sobre la tecnología y resistirse a ella porque no la entiende o no creció con ella, hable de ella con una actitud positiva. No lo convierta en un gran, oscuro y horrible concepto que hará que sus hijos sientan la necesidad de ocultar lo que están haciendo en línea.

Cambie la conversación por una que sea positiva, para que todos sientan que pueden hablar. Sus hijos podrían incluso tener una pasión por aprender más sobre el mundo digital y querer compartir más sobre él con usted.

Administración Constante

Nadie dijo que ser padre o enseñar fuera fácil. Incluso después de todo esto, todavía existen esos depredadores que realmente pueden meterse en la cabeza de su hijo. Usted necesita estar activo y seguir nuestras señales de advertencia para determinar si su hijo está siendo acosado o siendo el blanco de alguien en línea.

Establezca reglas claras que todos sigan. No prohíba la tecnología, pero tampoco se relaje. Hable con otros padres y maestros para asegurarse de que haya un sistema de observación.

Gamificación

Por último, pero no por eso menos importante: haga que sea *divertido*. Todos estos temas (la seguridad cibernética, el acoso cibernético, las interacciones en las redes sociales, los depredadores en línea y la programación) se pueden enseñar en la escuela mediante juegos, cuestionarios, oportunidades de aprendizaje práctico, e incluso excursiones. Cuando la gente escucha la palabra *código*, asumen que tiene que ser monótono y molesto.

A través del proceso de la gamificación, estamos decididos a mostrarle que estos temas tecnológicos intensos pueden ser algo sobre lo que sus hijos realmente *quieren* aprender.

Esto es exactamente lo que estamos haciendo en Security Squad. Nuestra plataforma aborda este problema de frente con nuestro conjunto de juegos interactivos en línea diseñados para enseñarles a los niños (en el sistema educativo primario y secundario) todo sobre la seguridad en línea y la privacidad, el acoso cibernético y la protección contra interacciones negativas en las redes sociales y los depredadores en línea. Nuestros juegos incluso se sumergen en el mundo de la programación para enseñar a los niños a construir sus propias aplicaciones. Lo más importante es que en todo lo que hacemos, Security Squad tiene como objetivo informar, proteger y preparar a los niños para afrontar estos desafíos digitales con confianza.

Nuestro material gamificado facilita la incorporación de nuestro contenido educativo en el aula o en casa. El material está diseñado específicamente para profesores y padres que quieren educar a sus hijos sobre los peligros del mundo en línea que conocemos hoy en día.

Conclusión

Vivimos en un mundo tecnológico. No hay otra manera de describirlo. Si esto lo abruma, sepa que no está solo. Lo más importante es que los jóvenes de nuestra nación se sientan preparados, protegidos y educados cuando se trata de todo lo bueno y lo malo que viene con el desarrollo tecnológico y su difusión.

No queremos que se sienta solo en esta pelea. Es por este motivo que fundamos nuestra empresa.

Security Squad

Estamos decididos a trabajar con todas las partes interesadas que puedan beneficiarse de la educación tecnológica proporcionando información de seguridad, apoyo y acceso a maestros, administradores, padres y estudiantes. Traemos con nosotros una trayectoria en seguridad estadounidense, aprovechando nuestra experiencia individual para proveer a todos de una comprensión avanzada de la seguridad cibernética, los delincuentes cibernéticos y la implementación de la programación.

Nos apasiona ayudarlo a navegar por estas nuevas aguas digitales. Solo porque las escuelas públicas se resisten al cambio, eso no significa que usted tenga que hacerlo. Nosotros somos la otra opción.

Juntos, estamos decididos a cambiar la conversación sobre la educación de los jóvenes y la inmersión en temas digitales.

¿Está listo para unirse al movimiento? Póngase en contacto con nuestro equipo hoy mismo.

¿Qué le pareció "Preparando a nuestros hijos para la inmersión digital: Por qué es tan importante educar a los niños sobre la programación, la seguridad cibernética, los depredadores en línea y el acoso cibernético"?

En primer lugar, gracias por comprar este libro, "Preparando a nuestros hijos para la inmersión digital: Por qué es tan importante educar a los niños sobre la programación, la seguridad cibernética, los depredadores en línea y el acoso cibernético". Sé que podría haber elegido cualquier cantidad de libros para leer, pero eligió este libro y por eso, estoy extremadamente agradecido.

Espero que le haya agregado valor y calidad a su vida cotidiana. Si así fue, sería genial si pudiera compartir este libro con sus amigos y familiares publicando en Facebook y Twitter.

Si disfrutó este libro y obtuvo algún beneficio, me gustaría saberlo. Por favor, publique una reseña en Amazon. Sus comentarios y apoyo me ayudarán a mejorar en gran medida mis futuros proyectos y libros.

Puede seguir este enlace para dirigirse a Amazon.com.

1 Anderson, Jenny. "Even Teens Are Worried They Spend Too Much Time on Their Phones." *Quartz*, Quartz, 23 Aug. 2018, qz.com/1367506/pew-research-teens-worried-they-spend-too-much-time-on-phones/

2 Stein, Stacey. "An Age-by-Age Guide to Kids and Smartphones." *Today's Parent*, 21 Mar. 2018, www.todaysparent.com/family/parenting/an-age-by-age-guide-to-kids-and-smartphones/

3 Orlando, Joanne. "Kids Need to Learn about Cybersecurity, but Teachers Only Have so Much Time in the Day." *The Conversation*, 26 Feb. 2019, theconversation.com/kids-need-to-learn-about-cybersecurity-but-teachers-only-have-so-much-time-in-the-day-112136

4 Most Schools Don't Teach Computer Science." *Governing*, Apr. 2014, www.governing.com/columns/tech-talk/gov-a-time-for-code.html

5 Burr, Luke. *ABC News*, ABC News Network, 3 June 2019, abcnews.go.com/Politics/fbi-warns-parents-sextortion-cases-involving-children-rise/story?id=63450973

6 Applied Computing Jobs and Career Outlook: University of Wis." *Applied Computing*, appliedcomputing.wisconsin.edu/about-applied-computing/applied-computing-jobs/

7 Code.org. "Universities Aren't Preparing Enough Computer Science Teachers." *Medium*, Medium, 1 Sept. 2017, medium.com/@codeorg/universities-arent-preparing-enough-computer-science-teachers-dd5bc34a79aa

8 Ransom, Nasir. "Cabrini University Student Media." *Loquitur*, 15 Oct. 2015, www.theloquitur.com/bullying-still-happens-in-collegestat/

9 Lambert, Diana. "California Moves to Get More K-12 Students into Computer Science Classes." *EdSource*, EdSource, 8 May 2019, edsource.org/2019/california-moves-to-get-more-k-12-students-into-computer-science-classes/612158

10 Code Advocacy Coalition. "2018 State of the Computer Science Education: Policy and Implementation." https://code.org/files/2018_state_of_cs.pdf

Retrieved from https://advocacy.code.org/

[11] Morpus, Nick. "10 Cyberbullying Statistics Every School Administrator Should Know." *Blog.capterra.com*, 19 Oct. 2017, blog.capterra.com/cyberbullying-statistics-every-school-administrator-should-know/

[12] Cyberbullying Is on the Rise, and Girls Report 3 Times More Harassment than Boys." *USA Today*, Gannett Satellite Information Network, 26 Dec. 2019, eu.usatoday.com/story/tech/2019/07/26/harassment-social-media-cyberbullying-reports-rise-among-girls/1835431001/

[13] Digital Literacy and Adult Learners." *GED*, 14 Mar. 2018, ged.com/in-session/computer-literacy_mar2018/

[14] Horrigan, John B. "Digital Literacy and Learning in the United States." *Pew Research Center: Internet, Science & Tech*, Pew Research Center, 20 Sept. 2016, www.pewresearch.org/internet/2016/09/20/digital-readiness-gaps/

[15] Brennan, Marie. "National Curriculum: A Political-Educational Tangle - Marie Brennan, 2011." *SAGE Journals*, 1 Dec. 2011, journals.sagepub.com/doi/abs/10.1177/000494411105500307

[16] Schaffhauser10/11/18, Dian. "Survey: Higher-Level Tech Skills Lacking in K–12." *THE Journal*, 11 Oct. 2018, thejournal.com/articles/2018/10/11/survey-higher-level-tech-skills-lacking-in-k12.aspx

[17] Fisher, Marla Jo. "Two Incomes, No Time: The Struggle Is Real for Many Working Parents, Survey Finds." *Orange County Register*, Orange County Register, 7 Nov. 2015, www.ocregister.com/2015/11/07/two-incomes-no-time-the-struggle-is-real-for-many-working-parents-survey-finds/

[18] 40 Percent of Parents Learn How to Use Technology from Their Children." *ScienceDaily*, ScienceDaily, 24 Jan. 2014, www.sciencedaily.com/releases/2014/01/140124082717.htm

[19] Anderson, Monica. "Parents, Teens and Digital Monitoring." *Pew Research Center: Internet, Science & Tech*, Pew Research Center, 7 Jan. 2016, www.pewresearch.org/internet/2016/01/07/parents-teens-and-digital-monitoring/

[20] Telis, Gisela. "Kids Overimitate Adults, Regardless of Culture." *Science*, 7 May 2010, www.sciencemag.org/news/2010/05/kids-overimitate-adults-regardless-culture.

[21] Trafton, Anne, and MIT News Office. "Back-and-Forth Exchanges Boost Children's Brain Response to Language." *MIT News*, 13 Feb. 2018, news.mit.edu/2018/conversation-boost-childrens-brain-response-language-0214

[22] Sanders, Jessica. "By the Numbers: 10 Stats on the Growth of Gamification." *Games and Learning*, 27 Apr. 2015, www.gamesandlearning.org/2015/04/27/by-the-numbers-10-stats-on-the-growth-of-gamification/

[23] Vizard, Michael. "Cisco Report Confirms Cyber Attacks More Sophisticated." *Security Boulevard*, 21 Feb. 2021, securityboulevard.com/2018/02/cisco-report-confirms-cyber-attacks-more-sophisticated/

[24] GDPR Policy." *Security Magazine RSS*, 10 July 2019, www.securitymagazine.com/gdpr-policy?url=https://www.securitymagazine.com/articles/90493-cyber-attacks-cost-45-billion-in-2018

[25] Schiffer, Alex. "How a Fish Tank Helped Hack a Casino." *The Washington Post*, WP Company, 21 July 2017, www.washingtonpost.com/news/innovations/wp/2017/07/21/how-a-fish-tank-helped-hack-a-casino/

[26] "What Is Cyber Security? Definition of Cyber Security, Cyber Security Meaning." *The Economic Times*, economictimes.indiatimes.com/definition/cyber-security

[27] FastStats - Adolescent Health." *Centers for Disease Control and Prevention*, Centers for Disease Control and Prevention, 2018, www.cdc.gov/nchs/fastats/adolescent-health.htm

[28] "The Life and Death Consequences of Cyber Bullying." *Organic*, May 2014, theorganicagency.com/blog/life-death-consequences-cyber-bullying/

[29] Rueb, Emily S. "A Teenager Killed Himself After Being Outed as Bisexual. His

Family Wants Justice." *The New York Times*, The New York Times, 30 Sept. 2019, www.nytimes.com/2019/09/30/us/channing-smith-suicide-bisexual-tennessee.html

[30] Pappas, Stephanie. "Cyberbullying on Social Media Linked to Teen Depression." *LiveScience*, 22 June 2015, www.livescience.com/51294-cyberbullying-social-media-teen-depression.html

[31] Mitchell , Donnie A. "The Real Causes of Cyberbullying and How to Prevent It." *SOS Safety Magazine*, sossafetymagazine.com/bullying/the-real-causes-of-cyberbullying/

[32] Gordon, Sherri. "8 Reasons Why Cyberbullies Lash Out at Others." *Verywell Family*, Verywell Family, 5 Jan. 2020, www.verywellfamily.com/reasons-why-kids-cyberbully-others-460553

[33] "The Dangers for Children on Social Media." *Netsanity*, 1 Sept. 2017, netsanity.net/dangers-children-social-media-shocking/

[34] Workopolis. "6 People Who Were Fired for Social Media Posts." *Workopolis Blog*, 27 Apr. 2017, careers.workopolis.com/advice/6-people-who-were-fired-for-social-media-posts/

[35] "Online Predators - Statistics." *PureSight*, www.puresight.com/Pedophiles/Online-Predators/online-predators-statistics.html

[36] "Online Predators - Statistics." *PureSight*, www.puresight.com/Pedophiles/Online-Predators/online-predators-statistics.html

[37] Lynch, Matthew, and Marina Umaschi Bers. "Coding as a Literacy for the 21st Century." *Education Week - Education Futures: Emerging Trends in K-12*, 29 Jan. 2018, blogs.edweek.org/edweek/education_futures/2018/01/coding_as_a_literacy_for_the_21st_century.html

[38] Erstad, Will. "Why Learn to Code? The Surprisingly Broad Benefits of Coding." *Why Learn to Code? The Surprisingly Broad Benefits of Coding | Rasmussen College*, 27 Nov. 2017, www.rasmussen.edu/degrees/technology/blog/why-

learn-to-code/

[39] Jamie. "Learn to Code: What's the Best Programming Language to Learn First?" *Make A Website Hub*, makeawebsitehub.com/which-programming-language/

[40] Britton, Jack. "The Degrees That Make You Rich... and the Ones That Don't." *BBC News*, BBC, 17 Nov. 2017, www.bbc.com/news/education-41693230